My Bilingual Picture Book

Το δίγλωσσο εικονογραφημένο βιβλίο μου

Sefa's most beautiful children's stories in one volume

Ulrich Renz • Barbara Brinkmann:

Sleep Tight, Little Wolf · Όνειρα γλυκά, μικρέ λύκε

For ages 2 and up

Cornelia Haas • Ulrich Renz:

My Most Beautiful Dream · Το πιο γλυκό μου όνειρο

For ages 2 and up

Ulrich Renz • Marc Robitzky:

The Wild Swans · Οι Άγριοι Κύκνοι

Based on a fairy tale by Hans Christian Andersen

For ages 5 and up

© 2024 by Sefa Verlag Kirsten Bödeker, Lübeck, Germany. www.sefa-verlag.de

Special thanks to Paul Bödeker, Freiburg, Germany

All rights reserved.

ISBN: 9783756304356

Read · Listen · Understand

Sleep Tight, Little Wolf
Όνειρα γλυκά, μικρέ λύκε

Ulrich Renz / Barbara Brinkmann

English · bilingual · Greek

Translation:

Pete Savill (English)

Evangelos Papantoniou (Greek)

Audiobook and video:

www.sefa-bilingual.com/bonus

Password for free access:

English: `LWEN1423`

Greek: `LWEL1421`

Good night, Tim! We'll continue searching tomorrow.
Now sleep tight!

Καληνύχτα Tim! Θα συνεχίσουμε να ψάχνουμε αύριο.
Τώρα κοιμήσου, όνειρα γλυκά!

It is already dark outside.

Είναι ήδη σκοτεινά έξω.

What is Tim doing?

Τι κάνει ο Tim εκεί;

He is leaving for the playground.
What is he looking for there?

Πάει στην παιδική χαρά.
Τι ψάχνει εκεί;

The little wolf!

He can't sleep without it.

Το μικρό λύκο!

Δεν μπορεί να κοιμηθεί χωρίς αυτόν.

Who's this coming?

Ποιος είναι αυτός που έρχεται;

Marie! She's looking for her ball.

Η Marie! Ψάχνει την μπάλα της.

And what is Tobi looking for?

Και τι ψάχνει ο Tobi;

His digger.

Τον εκσκαφέα του.

And what is Nala looking for?

Και τι ψάχνει η Nala;

Her doll.

Την κούκλα της.

Don't the children have to go to bed?
The cat is rather surprised.

Δεν πρέπει τα παιδιά να πάνε στο κρεβάτι τους;
Αναρωτιέται η γάτα.

Who's coming now?

Ποιος έρχεται τώρα;

Tim's mum and dad!
They can't sleep without their Tim.

Η μαμά και ο μπαμπάς του Tim!
Δεν μπορούν να κοιμηθούν χωρίς τον Tim τους.

More of them are coming! Marie's dad.
Tobi's grandpa. And Nala's mum.

Ακόμα περισσότεροι έρχονται! Ο μπαμπάς της Marie.
Ο παππούς του Tobi. Και η μαμά της Nala.

Now hurry to bed everyone!

Αλλά τώρα γρήγορα στο κρεβάτι!

Good night, Tim!

Tomorrow we won't have to search any longer.

Καληνύχτα Tim!

Αύριο δεν θα χρειαστεί να συνεχίσουμε να ψάχνουμε.

Sleep tight, little wolf!

Όνειρα γλυκά, μικρέ λύκε!

Cornelia Haas • Ulrich Renz

My Most Beautiful Dream
Το πιο γλυκό μου όνειρο

Translation:

Sefâ Jesse Konuk Agnew (English)

Χρυσή Αργυριάδου-Χέρμανν (Greek)

Audiobook and video:

www.sefa-bilingual.com/bonus

Password for free access:

English: **BDEN1423**

Greek: **BDEL1421**

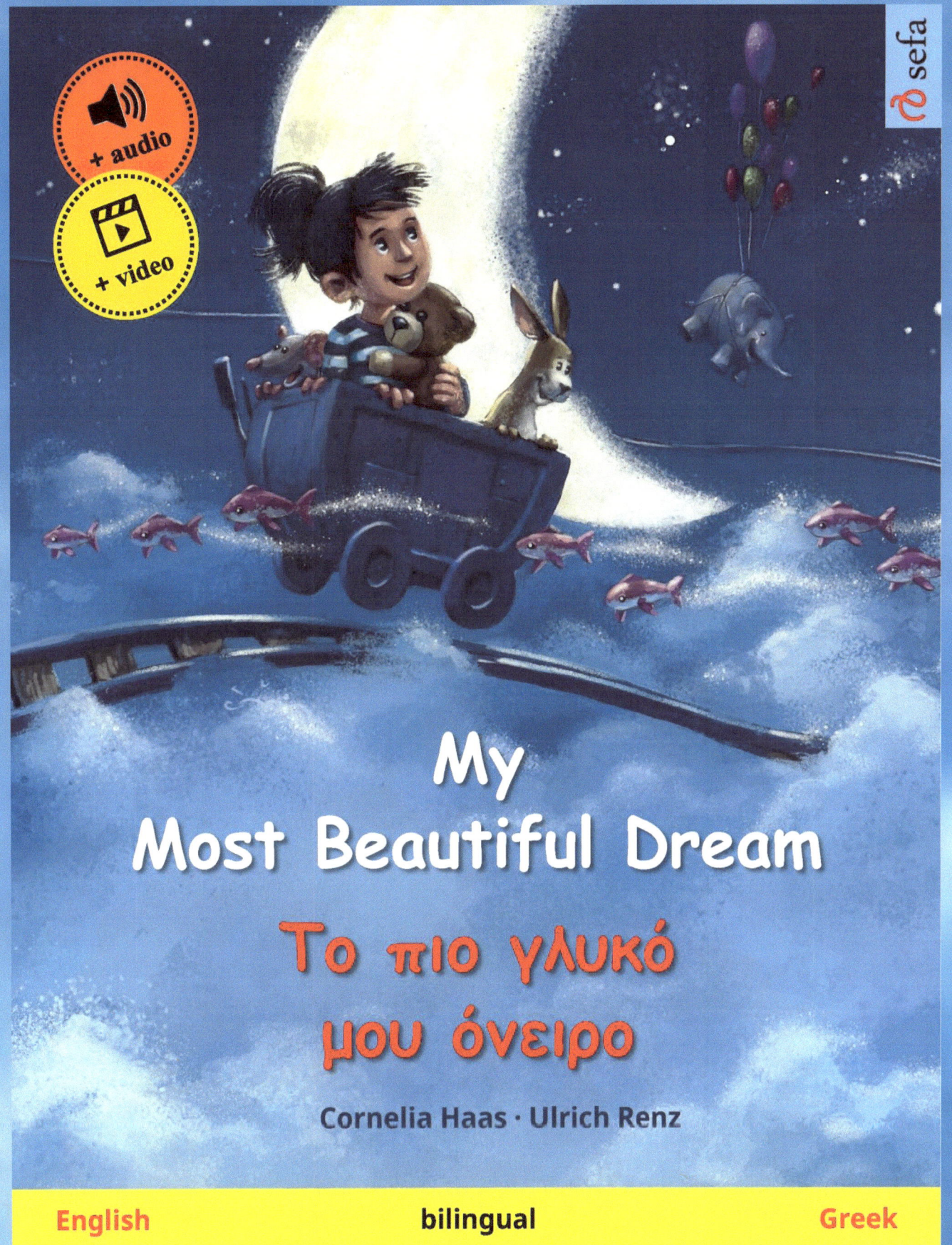

My Most Beautiful Dream

Το πιο γλυκό μου όνειρο

Cornelia Haas · Ulrich Renz

English · bilingual · Greek

Lulu can't fall asleep. Everyone else is dreaming already – the shark, the elephant, the little mouse, the dragon, the kangaroo, the knight, the monkey, the pilot. And the lion cub. Even the bear has trouble keeping his eyes open …

Hey bear, will you take me along into your dream?

Η Λουλού δεν μπορεί να κοιμηθεί. Όλοι οι άλλοι ήδη κοιμούνται κι ονειρεύονται – ο καρχαρίας, ο ελέφαντας, το μικρό το ποντικάκι, ο δράκος, το καγκουρώ, ο ιππότης, το πιθηκάκι, ο πιλότος. Ακόμη και το μικρούλι λιονταράκι κοιμάται. Η αρκούδα κι αυτή νυστάζει …

Καλή μου αρκουδίτσα μπορείς να με πάρεις μαζί σου στο ταξίδι των ονείρων σου;

And with that, Lulu finds herself in bear dreamland. The bear catches fish in Lake Tagayumi. And Lulu wonders, who could be living up there in the trees?

When the dream is over, Lulu wants to go on another adventure. Come along, let's visit the shark! What could he be dreaming?

Κι αμέσως η Λουλού βρίσκεται στον ονειρεμένο κόσμο των αρκούδων.
Η αρκούδα πιάνει ψάρια στη λίμνη Ταγκαγιούμι. Η Λουλού αναρωτιέται,
ποιος άραγε να ζει εκεί ψηλά στα δέντρα;
Όταν όμως τελειώνει το όνειρο, η Λουλού θέλει να ζήσει κι άλλες
περιπέτειες. Έλα μαζί μας, να επισκεφθούμε τον καρχαρία. Άραγε τι
όνειρο να βλέπει αυτός;

The shark plays tag with the fish. Finally he's got some friends! Nobody's afraid of his sharp teeth.

When the dream is over, Lulu wants to go on another adventure. Come along, let's visit the elephant! What could he be dreaming?

Ο καρχαρίας παίζει με τα ψάρια κυνηγητό. Επιτέλους έχει τώρα κι αυτός φίλους! Κανείς δεν φοβάται τα μυτερά του δόντια.
Όταν όμως το όνειρο τελειώνει, η Λουλού θέλει να ζήσει κι άλλες περιπέτειες. Ελάτε μαζί μας, να επισκεφθούμε τον ελέφαντα! Άραγε τι όνειρο να βλέπει αυτός;

The elephant is as light as a feather and can fly! He's about to land on the celestial meadow.

When the dream is over, Lulu wants to go on another adventure. Come along, let's visit the little mouse! What could she be dreaming?

Ο ελέφαντας είναι τόσο ελαφρύς σαν φτερό που μπορεί ακόμα και να πετάξει! Δεν αργεί να προσγειωθεί στο ουράνιο λιβάδι.
Όταν όμως το όνειρο τελειώνει, η Λουλού θέλει να ζήσει κι άλλες περιπέτειες. Ελάτε μαζί μας, να επισκεφθούμε το μικρό ποντικάκι. Άραγε τι όνειρο να βλέπει αυτό;

The little mouse watches the fair. She likes the roller coaster best. When the dream is over, Lulu wants to go on another adventure. Come along, let's visit the dragon! What could she be dreaming?

Το μικρό ποντικάκι κάνει βόλτα στο λούνα παρκ. Απ' όλα αυτά που βλέπει το τρενάκι του τρόμου του αρέσει περισσότερο.
Όταν όμως το όνειρο τελειώνει, η Λουλού θέλει να ζήσει κι άλλες περιπέτειες. Ελάτε μαζί μας, να επισκεφθούμε τον δράκο. Άραγε τι όνειρο να βλέπει αυτός;

The dragon is thirsty from spitting fire. She'd like to drink up the whole lemonade lake.

When the dream is over, Lulu wants to go on another adventure. Come along, let's visit the kangaroo! What could she be dreaming?

Έχοντας φτύσει πολλές φωτιές, ο δράκος διψάει. Θα ήθελε τόσο πολύ να πιει όλη τη λίμνη λεμονάδας.

Όταν όμως το όνειρο τελειώνει, η Λουλού θέλει να ζήσει κι άλλες περιπέτειες. Ελάτε μαζί μας, να επισκεφθούμε το καγκουρώ. Άραγε τι όνειρο να βλέπει αυτό;

The kangaroo jumps around the candy factory and fills her pouch. Even more of the blue sweets! And more lollipops! And chocolate!

When the dream is over, Lulu wants to go on another adventure. Come along, let's visit the knight! What could he be dreaming?

Το καγκουρώ πάει πηδώντας σ' όλα τα μέρη του εργοστασίου με τα ζαχαρωτά και γεμίζει τον σάκο του. Απίστευτο κι άλλες μπλε καραμέλες, περισσότερα γλειφιτζούρια κι άλλη σοκολάτα!
Όταν όμως το όνειρο τελειώνει, η Λουλού θέλει να ζήσει κι άλλες περιπέτειες. Ελάτε μαζί μας, να επισκεφθούμε τον ιππότη. Άραγε τι όνειρο να βλέπει αυτός;

The knight is having a cake fight with his dream princess. Oops! The whipped cream cake has gone the wrong way!

When the dream is over, Lulu wants to go on another adventure. Come along, let's visit the monkey! What could he be dreaming?

Ο ιππότης παίζει τουρτοπόλεμο με την πριγκίπισσα των ονείρων του.
Αλλά δεν την πετυχαίνει με την τούρτα κρέμας!
Όταν όμως το όνειρο τελειώνει, η Λουλού θέλει να ζήσει κι άλλες περιπέτειες. Ελάτε μαζί μας, να επισκεφθούμε τον πίθηκα. Άραγε τι όνειρο να βλέπει αυτός;

Snow has finally fallen in Monkeyland. The whole barrel of monkeys is beside itself and getting up to monkey business.
When the dream is over, Lulu wants to go on another adventure. Come along, let's visit the pilot! In which dream could he have landed?

Επιτέλους χιόνισε στη χώρα των πιθήκων! Η συμμορία των πιθήκων είναι κατενθουσιασμένη και ξετρελαίνεται κάνοντας απίστευτες χαζομάρες. Όταν όμως το όνειρο τελειώνει, η Λουλού θέλει να ζήσει κι άλλες περιπέτειες. Ελάτε μαζί μας, να επισκεφθούμε τον πιλότο. Άραγε σε ποιο όνειρο να βρίσκεται τώρα αυτός;

The pilot flies on and on. To the ends of the earth, and even farther, right on up to the stars. No other pilot has ever managed that.
When the dream is over, everybody is very tired and doesn't feel like going on many adventures anymore. But they'd still like to visit the lion cub.
What could she be dreaming?

Ο πιλότος πετάει χωρίς σταματημό. Μέχρι το τέλος του κόσμου και πιο μακριά μέχρι τ' αστέρια πετάει. Αυτό δεν το κατάφερε κανένας άλλος πιλότος μέχρι τώρα.
Όταν όμως το όνειρο τελειώνει, όλοι είναι πολύ κουρασμένοι και δεν θέλουν να ζήσουν άλλες περιπέτειες. Στο τέλος θέλουν όμως να επισκεφθούν και το μικρούλι λιονταράκι. Άραγε τι όνειρο να βλέπει αυτό;

The lion cub is homesick and wants to go back to the warm, cozy bed. And so do the others.

And thus begins ...

Το μικρούλι λιονταράκι αισθάνεται μόνο του και θέλει πάρα πολύ να γυρίσει στο σπίτι του, να κουκουλωθεί στο ζεστό του κρεβατάκι. Αυτό θέλουν να κάνουν κι όλοι οι άλλοι.

Τώρα αρχίζει ...

... Lulu's
most beautiful dream.

... το πιο γλυκό όνειρο της Λουλούς.

Ulrich Renz • Marc Robitzky

The Wild Swans
Οι Άγριοι Κύκνοι

Translation:

Ludwig Blohm, Pete Savill (English)

Χρυσή Αργυριάδου-Χέρμανν (Greek)

Audiobook and video:

www.sefa-bilingual.com/bonus

Password for free access:

English: `WSEN1423`

Greek: `WSEL1421`

Ulrich Renz · Marc Robitzky

The Wild Swans

Οι Άγριοι Κύκνοι

Based on a fairy tale by

Hans Christian Andersen

English — bilingual — Greek

Once upon a time there were twelve royal children –
eleven brothers and one older sister, Elisa. They lived
happily in a beautiful castle.

Μια φορά κι έναν καιρό ζούσαν δώδεκα αδέλφια, έντεκα
αδελφοί και μια μεγάλη αδελφή, η Ελίζα. Ζούσαν όλοι
ευτυχισμένοι σ΄ ένα πανέμορφο κάστρο.

One day the mother died, and some time later the king married again. The new wife, however, was an evil witch. She turned the eleven princes into swans and sent them far away to a distant land beyond the large forest.

Μια μέρα πέθανε η μητέρα τους, και λίγο αργότερα, ο βασιλιάς ξαναπαντρεύτηκε. Αλλά η καινούρια του γυναίκα ήταν μια κακή μάγισσα. Μεταμόρφωσε τους έντεκα πρίγκιπες σε κύκνους και τους έστειλε πολύ μακριά σε μια μακρινή χώρα πιο πέρα κι απ' το μεγάλο δάσος.

She dressed the girl in rags and smeared an ointment onto her face that turned her so ugly, that even her own father no longer recognized her and chased her out of the castle. Elisa ran into the dark forest.

Το κορίτσι το έντυσε με κουρέλια κι άλειψε το πρόσωπό του με μια απαίσια αλοιφή, έτσι ώστε ακόμη και ο ίδιος ο πατέρας του να μην μπορεί να το αναγνωρίσει και το έδιωξε από το κάστρο. Η Ελίζα κατέφυγε τρέχοντας στο σκοτεινό δάσος.

Now she was all alone, and longed for her missing brothers from the depths of her soul. As the evening came, she made herself a bed of moss under the trees.

Τώρα ήταν εντελώς μόνη και λαχταρούσε μέσα από τα βάθη της ψυχής της να δει τους εξαφανισμένους αδελφούς της. Όταν βράδιασε, έκανε ένα κρεβάτι από βρύα κάτω από τα δέντρα.

The next morning she came to a calm lake and was shocked when she saw her reflection in it. But once she had washed, she was the most beautiful princess under the sun.

Το επόμενο πρωί έφτασε σε μια ήσυχη λίμνη και τρόμαξε όταν είδε τον εαυτό της να καθρεφτίζεται στην επιφάνεια της λίμνης. Αλλά αφού πλύθηκε, ήταν η πιο όμορφη βασιλοπούλα του κόσμου.

After many days Elisa reached the great sea. Eleven swan feathers were bobbing on the waves.

Μετά από πολλές μέρες η Ελίζα έφτασε σε μία μεγάλη θάλασσα. Στα κύματά της έπλεαν έντεκα φτερά κύκνων.

As the sun set, there was a swooshing noise in the air and eleven wild swans landed on the water. Elisa immediately recognized her enchanted brothers. They spoke swan language and because of this she could not understand them.

Καθώς ο ήλιος έδυε ακούστηκε ένας θόρυβος στον αέρα και έντεκα άγριοι κύκνοι προσγειώθηκαν στην επιφάνεια της θάλασσας. Αμέσως αναγνώρισε η Ελίζα τους μεταμορφωμένους σε κύκνους αδελφούς της. Επειδή όμως μιλούσαν τη γλώσσα των κύκνων, δεν μπορούσε να τους καταλάβει.

During the day the swans flew away, and at night the siblings snuggled up together in a cave.

One night Elisa had a strange dream: Her mother told her how she could release her brothers from the spell. She should knit shirts from stinging nettles and throw one over each of the swans. Until then, however, she was not allowed to speak a word, or else her brothers would die.
Elisa set to work immediately. Although her hands were burning as if they were on fire, she carried on knitting tirelessly.

Κατά τη διάρκεια της ημέρας οι κύκνοι πετούσαν μακριά, τη νύχτα, τ΄ αδέλφια έβρισκαν καταφύγιο μέσα μία σπηλιά αγκαλιάζοντας ο ένας τον άλλον.

Μια νύχτα η Ελίζα είδε ένα περίεργο όνειρο: η μητέρα της, τής είπε πώς θα μπορούσε να λυτρώσει τους αδελφούς της. Θα έπρεπε να πλέξει ένα μπλουζάκι από τσουκνίδες για κάθε κύκνο και να το ρίξει επάνω του. Ως τότε, όμως, δεν θα της επιτρεπόταν να πει ούτε καν μια λέξη, διαφορετικά οι αδελφοί της θα πέθαιναν.
Η Ελίζα ξεκίνησε αμέσως το πλέξιμο. Αν και τα χέρια της έτσουζαν σαν να ακουμπούσαν φωτιά, η Ελίζα έπλεκε κι έπλεκε ακούραστα κι ασταμάτητα.

One day hunting horns sounded in the distance. A prince came riding along with his entourage and he soon stood in front of her. As they looked into each other's eyes, they fell in love.

Μια μέρα ακούστηκαν από μακριά κυνηγετικά κέρατα. Ένας πρίγκιπας ήρθε καβάλα με την συνοδεία του και σταμάτησε μπροστά της. Όταν οι δυο τους κοιτάχτηκαν στα μάτια, ερωτεύτηκε ο ένας τον άλλον.

The prince lifted Elisa onto his horse and rode to his castle with her.

Ο πρίγκιπας ανέβασε την Ελίζα στο άλογό του και την πήρε στο κάστρο του.

The mighty treasurer was anything but pleased with the arrival of the silent beauty. His own daughter was meant to become the prince's bride.

Ο ισχυρός θησαυροφύλακας δεν χάρηκε καθόλου για τον ερχομό της όμορφης μουγγής, μια και η κόρη του προοριζόταν να παντρευτεί τον πρίγκιπα.

Elisa had not forgotten her brothers. Every evening she continued working on the shirts. One night she went out to the cemetery to gather fresh nettles. While doing so she was secretly watched by the treasurer.

Η Ελίζα δεν είχε ξεχάσει τους αδελφούς της. Κάθε βράδυ συνέχιζε να πλέκει τα μπλουζάκια. Μια νύχτα βγήκε να πάει στο νεκροταφείο για να μαζέψει φρέσκες τσουκνίδες. Ο θησαυροφύλακας την παρακολούθησε κρυφά.

As soon as the prince was away on a hunting trip, the treasurer had Elisa thrown into the dungeon. He claimed that she was a witch who met with other witches at night.

Μόλις ο πρίγκιπας έφυγε για κυνήγι, ο θησαυροφύλακας έδωσε διαταγή να κλείσουν την Ελίζα στο μπουντρούμι. Ισχυριζόταν πως ήταν μάγισσα και πως συναντιόταν με άλλες μάγισσες τη νύχτα.

At dawn, Elisa was fetched by the guards. She was going to be burned to death at the marketplace.

Την αυγή η φρουρά ήρθε και πήρε την Ελίζα. Προοριζόταν να καεί στην πλατεία.

No sooner had she arrived there, when suddenly eleven white swans came flying towards her. Elisa quickly threw a shirt over each of them. Shortly thereafter all her brothers stood before her in human form. Only the smallest, whose shirt had not been quite finished, still had a wing in place of one arm.

Δεν είχε καν φτάσει εκεί, όταν ξαφνικά παρουσιάστηκαν πετώντας έντεκα λευκοί κύκνοι. Η Ελίζα έριξε γρήγορα στον καθένα από ένα μπλουζάκι τσουκνίδας. Σύντομα παρουσιάστηκαν όλοι οι αδελφοί της μπροστά της σε ανθρώπινη μορφή. Μόνο ο μικρότερος αδελφός του οποίου το μπλουζάκι δεν ήταν εντελώς τελειωμένο, είχε μια φτερούγα στη θέση ενός χεριού.

The siblings' joyous hugging and kissing hadn't yet finished as the prince returned. At last Elisa could explain everything to him. The prince had the evil treasurer thrown into the dungeon. And after that the wedding was celebrated for seven days.

And they all lived happily ever after.

Οι αγκαλιές και τα φιλιά των αδελφών της δεν είχαν τελειώσει ακόμα όταν ο πρίγκιπας επέστρεψε. Έτσι επιτέλους μπόρεσε η Ελίζα να του εξηγήσει τα πάντα. Ο πρίγκιπας διέταξε να ρίξουν τον κακό θησαυροφύλακα στο μπουντρούμι.

Και ζήσανε αυτοί καλά κι εμείς καλύτερα!

Hans Christian Andersen

Hans Christian Andersen was born in the Danish city of Odense in 1805, and died in 1875 in Copenhagen. He gained world fame with his literary fairy-tales such as „The Little Mermaid", „The Emperor's New Clothes" and „The Ugly Duckling". The tale at hand, „The Wild Swans", was first published in 1838. It has been translated into more than one hundred languages and adapted for a wide range of media including theater, film and musical.

Barbara Brinkmann was born in Munich in 1969 and grew up in the foothills of the Bavarian Alps. She studied architecture in Munich and is currently a research associate in the Department of Architecture at the Technical University of Munich. She also works as a freelance graphic designer, illustrator, and author.

Cornelia Haas has been illustrating childrens' and adolescents' books since 2001. She was born near Augsburg, Germany, in 1972. She studied design at the Münster University of Applied Sciences and is currently a professor on the faculty of Münster University of Applied Sciences teaching illustration.

Marc Robitzky, born in 1973, studied at the Technical School of Art in Hamburg and the Academy of Visual Arts in Frankfurt. He works as a freelance illustrator and communication designer in Aschaffenburg (Germany).

Ulrich Renz was born in Stuttgart, Germany, in 1960. After studying French literature in Paris he graduated from medical school in Lübeck and worked as head of a scientific publishing company. He is now a writer of non-fiction books as well as children's fiction books.

Do you like drawing?

Here are the pictures from the story to color in:

www.sefa-bilingual.com/coloring

www.ingramcontent.com/pod-product-compliance
Lightning Source LLC
LaVergne TN
LVHW070449080526
838202LV00035B/2779